Arthania

Selected Poems

by
Ihor Pavlyuk

DORRANCE
PUBLISHING CO
EST. 1920
PITTSBURGH, PENNSYLVANIA 15238

The contents of this work, including, but not limited to, the accuracy of events, people, and places depicted; opinions expressed; permission to use previously published materials included; and any advice given or actions advocated are solely the responsibility of the author, who assumes all liability for said work and indemnifies the publisher against any claims stemming from publication of the work.

Dorrance Publishing Co
585 Alpha Drive
Suite 103
Pittsburgh, PA 15238
Visit our website at *www.dorrancebookstore.com*

ISBN: 978-1-6470-2306-5
eISBN: 978-1-6470-2823-7

Ihor Pavyluk
https://en.wikipedia.org/wiki/Ihor_Pavlyuk

Arthania

Selected Poems

Translated by Yurii Lazirko

(USA)

Revised and edited by Hilary Sheers

(Wales and Ukraine)

Preface to the book

written by Mo Yan

(The Nobel Prize for Literature winner, 2012)

DEDICATION

I'd like to thank for financial support the Fund of the Picura Family, founded in 1998 and cooperating with the Taras Shevchenko Foundation in Winnipeg, Canada.

The main founder of the foundation is Mychaylo PICURA

Cofounders: Stefan PICURA, Evgenia PICURA-SZWEC

Head of Fund: Evgenia PICURA-SZWEC

Responsible for the selection of printed materials and for financial assistance in publishing this book – Press Secretary: Petro Hrynchyshyn

and Hanna Kosiv, who has helped me in this project editing my English translations and preparing some more drafts for Hilary Sheers.

"Pavlyuk's literature is not just for fun"

As a father, I have always felt that everybody should have as many children as he likes. As an officer, however, I had to obey the rule that applies to every official: one child, no more. China's population issue is not solved easily. I am sure of one thing only: Nobody must be stopped from having a child by means of violence. And I want to admit that Ihor Pavlyuk is like my child. My boy from Ukrainian Polesye.

I may be rather un-Chinese in this respect. I have a Ukrainian child who is a poet. Of course, he is my son metaphorically. But I love this man. Most Chinese stories and dramas have a happy ending. Most of my novels end tragically. But there is still hope, dignity, and power. And in Ihor Pavlyuk's poetry I still find a lot of hope, dignity, and power. He has a strong hope that Ukraine will be free. His ancient and powerful Ukraine. The readers of this book might share my views after reading these poems.

Ihor is like my Ukrainian face. There is no contradiction with my political opinion when I harshly criticize party officials in my books. I have emphasized repeatedly that I am writing on behalf of the people, not the party. I detest corrupt officials. Ihor also writes on behalf of the people of his country. And I am very proud of him. He does not respect official ceremonies and presidential rituals, he is free of his president's will and he is a powerful poet. I wish Ihor could be partly a Chinese or just have a Chinese heart.

Chinese literature is now part of world literature. We have to admit that during the beginning and middle of the last century, for example during the 50s and 60s, a lot of our literature put too much emphasis on foregrounding the revolution and class struggle and that diminished their literary value. Writers then were asked to use class struggle as their topics. Because foregrounding the class struggle was a requirement, it was very hard for writers to depict humanity in a very objective way. This was what works of that period all lacked across the board. But since opening up in the 1980s, Chinese literature has accomplished a lot. Also, Chinese writers today are able to read a lot more books than before, especially when it comes to foreign literature. They have a very good understanding of humanity and what's happening in our country. So Chinese literature has become an important part of world literature. In this sense, my receiving the award is valuable. I don't think that my work is necessarily better than that of my peers. I'm simply one of a generation of writers. Ihor belongs to Ukrainian literature, which after 2013-2014 has become a powerful source for world humanmaking. And Ihor represents not big but really interesting literature, which has a lot of challenges.

It's true that some people dedicate their entire life to creating one masterpiece, while others are more prolific. And some of their works might stand out, while others may be quite mediocre. It depends on the writer's personality. But both of these cases have their advantages. Of course, we still see Dream of the Red Mansion as a masterpiece today, but if we follow the model of Dream of the Red Mansion in this day and age, it would be impractical, because our lives today are very different from life then. It's more fast-paced and more rich in many ways. So, I think in terms of quantity, writers today are much more productive. Ihor Pavlyuk is a very good example of such a productivity. Each year he publishes books and we have world translations of his texts in many world languages.

Today, in some of the fastest cases, a biography is published in a week, such as after an American President is sworn into office. That's the power of today's technology. So that's one reason why modern writers are more prolific than those during the days of Cao Xueqin. And Ihor Pavlyuk is a very prolific author whose poetry transcends physical borders and goes to the hearts of so many people. Now this poetry strikes the American hearts. I know that American literature has a powerful poetic tradition. And I am sure that the readers will love Ihor's poetry.

I hope that more of I. Pavlyk's work can be distributed in electronic form and on the internet. As an author, I don't have to think about publication when I'm writing, but of course, like other writers, I'd like to get my works read by as many people as possible. And I am sure that the U.S. publishers will open a really good poet who has a unique power to unite people of different cultures and nations. That's why his poetry should be translated into all the languages to find its way to human hearts. People need reading these days. Reading changes us in a positive way. I distributed this idea during my overnight readings in Ukraine in June 2016, and I appreciate that my idea was respected by the Minister of Education of Ukraine, Ms. Hrynevych.

I started to read books when I was a child. This triggered my strong interest in literature after reading more and more books. I felt I had many words to express, I thought the strongest and most unconstrained way was through literature, so I started to write. Of course, I also had a desire to prove myself, and a wish to change my destiny.

A person can experience only so much, and once you have exhausted your own stories, you must tell the stories of others. And so, out of the depths of my memories, like conscripted soldiers, rose stories of family members, of fellow villagers, and of long-dead ancestors I learned of from the mouths of old-timers. They waited expectantly for me to tell their stories. My grandfather and grandmother, my father and mother, my brothers and sisters, my aunts and uncles, my wife and my daughter have all appeared in my stories. Even unrelated residents of Northeast Gaomi Township have made cameo appearances. Of course, they have undergone literary modification to transform them into larger-than-life fictional characters.

Anyway, for such a long time I felt quite lonely. Children like to hang out in groups and those in my age were all in school. They may not have learned much, but they fought and quarreled and had fun. When I was herding cattle and sheep, I passed the front door of my school and saw children in my age having fun in school. I was the only outsider. So I felt very lonely at the time.

Also, I didn't know what to do with my future. Here I was, herding cattle at a young age. Would I ever do anything else? What would my future hold? What would I do when I grew up? I felt hopeless.

The experiences I had in my childhood have been crucial to my writing. I wrote about all kinds of animals and plants in my novels. I wrote about the close and mysterious relationship between children and nature. This is all inseparable of my personal experiences. Ihor's personal story reminds me in so many aspects of my childhood, my life. Ihor had a difficult life when he was a boy. He is still a naive boy with a big heart. He loves this planet, loves the nature, loves animals. And he feels quite lonely sometimes. He is quite lonely as people are agressive and want to destroy the planet. Ihor has an intention to build this world and for this reason he creates his poems.

If I look back at my past.... First of all, I couldn't go to school when I was young, and I regret that. But at the same time, I feel kind of glad about it. If I hadn't gone through that painful experience as a child, I would probably not have become a writer. If I had, I would definitely have become a different kind of writer. I would definitely be writing a different kind of books.

Firstly, I was able to establish an intimate relationship with nature. A child growing up in school, and a child growing up in the field have different relationships to nature, different feelings for animals and plants. The others were surrounded by other kids and teachers every day. But I was surrounded by sheep, cattle, plants, grass, and trees every day. The feelings I had towards nature were so delicate and sentimental. For a long time, I thought animals and plants could communicate with humans. And I felt that they understood what I said. This kind of experience is unique and valuable. I know that Ihor understands me. His poetry provides the same experience. Ihor Pavlyuk's feelings towards nature are so delicate and sentimental sometimes.

As Ihor I also learned about the rural culture from my grandparents. In rural culture, there are historical figures, legends, historical events, and even myths and ghost stories such as a wolf or a rooster turning into a human. So folk elements and oral tradition figure strongly in my books, as they are part of my experiences at that time. In this poetry you can find all this. You can find historical figures, legends, historical events that happened in Ukraine. I can be proud of having such a friend as Ihor, who is a true Ukrainian poet.

Literature is not just for fun; its purpose is not simply to draw a few laughs. Pavlyuk's literature is not just for fun too. I think literature's most precious quality lies in its study of the human soul. Literature praises what's true and kind. Literature exposes and criticises what is dark and ugly. Its ultimate goal is to let our mind become richer and more expansive and make us kinder and more gracious. Via its transformation of people, literature affects our society's development and improvement. But I think it is a very gradual process.

I have an analogy to the relationship between literature and society, and that is the relationship people have with their hair: It is, of course, good to have a full head of hair. It looks nice and helps protect one's head. But if one doesn't have much hair, like me, that's fine, as I'm still healthy. So it is with literature. A society may have many novels, poems, poets, and writers, which is very good. But if there are less of them, life is still... survivable. So I think, whether it is literature or art, it's like human hair. This poetry helped me to create such a vision. Maybe it is too metaphorical and poetic for the novelist. But Ihor made me feel his poetry in a very unique way. Because his poetry is unique.

There are two recurring themes in literature. One is hunger, the other is loneliness. I have mentioned this many times. In my novels, especially the earlier ones, these are two very important themes as these two things have affected me the most and deepest. Whenever I write about the past, these two themes will inevitably come up. Ihor Pavlyuk's personal life is a novel about hunger and loneliness. This poetry book is a story about loneliness also and his Ukraine passed through hunger years in the past. Ihor represents a unique country with great and tragic history.

I think there is one more, something I have been pursuing until this day: my interest in the exploration of the depths of the human soul. Why are people the way they are? Why are some good and some bad? When facing the same things, why do people react so differently? Why are some naturally kind, while others, born into comfortable lives and given good education, grow up to be so evil? These are things I find unfathomable. I want to search for an answer through my writings and study this profound issue, to which there is no simple answer. And Ihor Pavlyuk's poetry helps me on this way. It helps me to find the answers about the depths of the human soul.

As Ihor, I can state that I am a polytheist. Ihor Pavlyuk emailed to me that he also is a polytheist who believes that nature is alive. Nature can speak with Ihor and in this poetry world nature is also alive. It reminds me of my childhood, cattle-herding in the fields. In that environment, I could feel that all things have souls. García Márquez said something similar: "Things have a life of their own. It's simply a matter of waking up their souls." When I was herding cattle, I felt that the birds, the animals on the ground, even the trees and grass have a soul. Everything has feelings. So I think I've been a polytheist since childhood.

There is also this folk culture in our village. Not far from my hometown there was a famous writer, Pu Songling, during the Qing dynasty. He wrote about gods and spirits of various animals and plants that can change into the shape of humans. This kind of belief is common in the countryside. And Ihor shares these ideas in his poetry represented in his American book, which you have in your hands.

Finally, I want to say that the announcement of my Nobel Prize has led to controversy. At first I thought I was the target of the disputes, but over time I've come to realize that the real target was a person who had nothing to do with me. Like someone watching a play in a theater, I observed the performances around me. I think one day Ukraine will get its Nobel Prize for literature. And Ihor Pavlyuk is one of a kind in the Ukrainian poetry world. That is not just my opinion but the idea I caught from many outstanding Ukrainian scholars as Professor Mykola Zhulynskyi, the President of Literary Academy of Ukraine, or Dr. Dmytro Drozdovskyi, whom I respect so much.

To conclude: For a writer, the best way to speak is by writing. I hope you agree with me, dear readers. You will find everything I need to say in my works. Speech is carried off by the wind; the written word can never be obliterated. I would like you to find the patience to read my books. I cannot force you to do that, and even if you do, I do not expect your opinion of me to change. No writer has yet appeared, anywhere in the world, who is liked by all his readers; that is especially true during times like these. All you need to have is in this, Ihor Pavlyuk's book. Just read it and remember that it is not just for fun. However, enjoy this magic of poetry written by a lonely Ukrainian heart.

莫言 (Mo Yan),
The Nobel Prize for Literature winner, 2012

Arthania

(1)

MY DAYS

I compare my childhood summer days
To poppies growing in a field of stubble,
Between the winding track in sunny haze
And poppy plants, were dreams untroubled.

Once wakened, through the windowpane
I saw a beauty in all those poppy flowers,
The way they smiled and bent their stems in vain,
The way they danced in youthful showers,

Caressed that freckled boy and wonder made
With the gentle warmth of Grandpa's hand,
Whose tales in tumbling wild cascade
Fell from greying temples onto yet fallow land.

To fish, they took me to the water's edge
To the Dnipro, told me to believe in stars.
And timeless mysteries passed the ledge
On which I stood above the floating spars.

The days fly by…
I have lost count of the poppies
That grow in the fields of rye.

The further we are from youth
The faster the years speed by.

July 19, 1985, St. Petersburg

МОЇ ДНІ

Літні дні дитинства я порівнюю
З пелюстками маку на стерні,
Що горять між стежкою нерівною
Та кущами маку, як у сні.

Із вікна, бувало, прокидаючись,
Вроду бачив кожного із них,
Як вони усміхнені, розмаяні
Танцювали в зливах молодих.

Пестили мене, веснянкуватого,
Теплотою дідових долонь,
Дивували казкою патлатою,
Сивиною яблуневих скронь.

На стави водили із підсаками,
Вчили в зорі вірити, в Дніпро.
Та людського щастя вічну загадку
Провели зі мною на перон.

Дні летять...
Згубив їм вже рахуності—
Наче маки з поля у житах.

І чим далі ми уже від юності,
Тим для нас летять скоріш літа.

19 липня 1985, Санкт-Петербург

(2)

*

In the Mirror...
No heartthrob there, of course.
Wishing for a golden mist of hair.
On the other side my forebears sleep,
grey and thin—as though they are not there.

Most likely I was born some time in Fall,
one hundred years of word-apples shaken from the tree—
I too will woo fleeting white phantoms,
birds,
fallen angels,
and the fates.

[1985]

＊

Дзеркало...

Собою не милуюсь.

Жаль волосся золотий туман.

В задзеркаллі пращури ночують,

Сиві і тонкі—мов їх нема.

Мабуть, народився я осіннім.

Натрушу слів-яблук літ на сто—

Й упаду в короткі білі тіні

Птахів,

Грішних ангелів

І доль.

[1985]

(3)

HORSES OF MY FATE

Grandfather and I harnessed white horses—
Two galloping winds coupled to fate.
On roads full of potholes and untaken courses.
I looked for myself, though feared being late.

With a circle of friends that I trusted around
Most gathered behind me as I made my way—
My destiny tested as I covered the ground
Like a scythe in the dew at the dawn of the day.

When the white cherry blossom was smoothly unbraided
Like a mane of a horse or the first rays of sun,
Then my love came to me and soft serenaded
The star of the dawn that had finally come.

And she gave me a moon for making a horseshoe,
For harness and saddle—the silver of night.
To a new world, unknown, mysterious too
By the bridle she led me into the light

New troubles and worries are certain to come,
New sorrows and griefs, new joys and bliss.
Rewriting the past can never be done.
We are destined to walk where legends exist.

On the road that leads to the warm dark of night
We are followed behind as we whisper farewell

By the cool downy breath of a colt, purest white,
and the laugh of a child, an ethereal bell.

September 22, 1985

КОНІ МОЄЇ ДОЛІ

Запрягав я з дідом білі коні—
Два вітри у долю запрягав.
По шляхів порепаних долонях
Сам себе на них шукати мчав.

Відпочив у вірних друзів колі,
Що зібрались, правда, не усі...
В далину моя неслася доля,
Мов коса по травах у росі.

А коли біляві коси вишні
Розплелись, як грива у коня,
То любов до мене тихо вийшла
З-під зорі народженого дня.

Дарувала Місяць на підкову,
Срібну ніч—для збруї і сідла.
В світ новий, незнаний, загадковий
За вуздечку долю повела.

Знаю: там живуть нові тривоги,
Сум новий і радощі нові.
Тільки не звернути вже з дороги,
Де живуть легенди світові.

Будуть нас на неї проводжати,
Зігрівати в сутінках густих

Дихання біленького лошати

І дитини дзвониковий сміх.

22 вересня 1985

(4)

*

Day hid behind forests
Behind mountains
Shrouded in rain-soaked
Hemp.

Like almond blossom in the south,
From the west, clouds float
Away into the distant blue,
With the birds.

The moon comes out.
A moonbeam glimmers—
Gold!

Like clouds
Lose color as they pass
So too does Youth.

September 1985

*

День сховався за лісами,
Горами
І накрився коноплями
Мокрими.

Наче з півдня цвіт мигдалю,
З заходу—
Линуть хмарки в сині далі
З птахами.

Вийшов Місяць.
Промінь кинув—
Золото!..

Як хмарина,
В даль полине
Молодість.

Вересень 1985

(5)

LETTER FROM MOTHER

The future—like a letter from my mother...
I cannot wait to touch first words and lines
With youthful heart and hands. Yet I am baffled...
What in it is concealed from me by time?

Is it a lesson,
Or a loving greeting?
A sentence given to the days outlived?
Shall I get wings, or make my peace
With present life and all it offers?

For I have faith only

In what is loyal—
Childhood, mother, my far-off self...

In the court of youth and age
Love and Constancy are sacred.

October 1, 1985

ЛИСТ ВІД МАМИ

Майбутнє—наче лист від мами...
Спішу торкнутись перших слів
Юнацьким серцем та руками...
Що в ньому час від мене скрив?

Повчання?
Привітання щире?
Чи вирок вже прожитим дням?
Мене окрилить чи примирить
З життям сучасним те, що там?

Одному вірю:
Незрадливі
Дитинство, мама, даль моя...

Несу на суд їх юно-сивий
Святу любов і вірність я.

1 жовтня 1985

(6)

*

Don't be surprised, my friend. The spring is late
To spread its wings for us, or give us work.
A gunshot frightened her; she met her fate
When she was caught on a migrating stork.

Yet I see flowers on the edge
Between a melted stream and fragile ice.
The sky turns blue,

Where a soul chills upon its ledge.
In Fall, a stork clatters in alarm...

October 1, 1985

*

Ти не дивуйся, друже, що весна
У нас так пізно розпустила крила—
Це пострілу злякалася вона,
Об мертвого лелеку зачепилась.

Та все ж з'явились квіти на межі
Струмка та криги.
В небі знову просинь.

Не сходить прохолода лиш з душі.
І досі там бринить лелеча осінь...

1 жовтня 1985

(7)

HOME

Through thorny sloes and herb-of-grace—
the bitter rue—finally, I have come
to my village, once more face to face
with my childhood home.

It was the same some years ago,
No one meets me, there is no welcome shout.
No barking dog, just weariness that grows—
No soul, no lilac here to sweep it out...

An aged neighbor's voice is clear,
She whispers to me,
"How are you? At last."
Instead of what I used to hear
"Hungry?"
She carries water, an echo of the past.

There flowers, asters, gladioli...
Here viburnum
That I planted.
Through the gates where once I ran to school—
to a strange autumn garden.

The house is damp.
Day—like a blue-grey bird.
On my bed, time has stopped.

It is painful to come here,
Parting more painful still.

October 3, 1985

ВДОМА

Крізь колючий терен, руту-м'яту
Я прийшов, я все-таки прийшов
До села свого, старої хати—
У дитинство повернувся знов.

Як бувало кілька років тому,
Тут мене ніхто не зустрічав:
Не загавкав Шарик, ранню втому
Із душі бузок не вимітав.

Лиш сусідка-бабця не зобидить—
Прошептала в просинь:
«Як діла?»
Замість того давнього:
«Обідав?»
Воду, наче спогади, несла.

Ось і квіти—айстра, гладіолус…
Ось—калина.
Сам її садив.
Через ці ворота біг до школи—
В дивну осінь сад мене провів.

В хаті сиро.
День—як сиза пташка.
На моєму ліжку час лежить.

Хоч сюди мені ходити важко,
Та розлука більш мене гнітить.

3 жовтня 1985

(8)

GOODNESS

Tell me, why does goodness turn to grey?
That goodness I have very often found.
Will my sweetheart's golden blonde betray
The years with swansdown-colored crown?

In melancholy Fall on sorrow's wings
She'll walk the fields beneath blue skies
Hair vibrating like orchestral strings
When countless Springs have touched it.

I'll make a wreath of plants and golden rays
And when the sun has dried the morning mists
And warm light on the midday poppies plays
Fresh dew will glisten moist upon my gift.

And wearing it my sweetheart will be young
As Indian summer, her grey hairs surpass
The goodness blooming in the lily's throng
Over the rays of sun and a blade of grass.

9/10 December, 1985

ДОБРОТА

Скажіть, чому сивіє доброта?
Її в житті я зустрічав нерідко.
І милої русяво-золота
Коса прийметься кольором лебідки?

Із осінню журливою вона
Піде в луги під синє піднебесся.
І забринить волосся, мов струна,
Коли її торкають сотні весен.

Я їй вінок сплету з проміння й трав.
Коли спадуть тумани світанкові,
У теплім світлі макових заграв
Віддам в росі зволожену обнову.

І буде в ньому мила молода.
Як літо бабине, розвіються сивинки.
Лілеями розквітне доброта
І ляже поверх променя й травинки.

9/10 грудня 1985

(9)

FAREWELL TO SUMMER

Yellow asters, maples, graceful birches grieve
On the edge of Summer and take their leave

Of clattering storks that soar to open sky,
As over sea and mountains to far-off lands they fly.

Above the lake a young bird cries distressed
On first migration south and east or west.

Above a white viburnum moonlight gleams
As day breaks shyly through in long racemes.

Wind whistling through the grass brings Autumn scene
To verdant floodplain that Summer filled with green

Gray rain gusts keen and harsh across the sheaves
Of golden oats, ruffling spikelets as it weaves

In woods above the river an ancient oak stands proud
Unmoved, indifferent, to nature's gloomy shroud.

In last year's hollow turned towards me,
I saw the hiding place of Summer's greenery.

December 23, 1985

ПРОВОДИ ЛІТА

Жовті айстри, клени і берізки милі
На краєчку серпня сіли й затужили:

Проводжають небо з клекотом лелеки
За моря, за гори—у краї далекі.

Молода пташина у озерній тузі:
Юність журавлину покидає в лузі,

На калині Місяць світиться високий,
І зоря, мов гроно, притулилась збоку.

Вже під шелест вітру в росяних отавах
Не зашиє літо зеленню заплаву,

На снопах вівсяних в полі розляглося
І куйовдить вітром сивий дощ волосся.

Тільки дуб столітній над рікою в гаї
Суму і тривоги мов не помічає.

Він дуплом торішнім повернувсь до мене.
Там ховає літо убрання зелене.

23 грудня 1985

(10)

*

All your paths were hasty
And now you return
Wrapped in a handkerchief heaven.
Stars... Fall... tears...

A horseshoe in the sky—not a lucky one,
for parting, for grief.
I am scared to break the silence
With a random phone call.

So let it be!
Go in peace.
New nightingales will sing.

I grew up with quiet heart
Trying to wear your clothes!

January 7, 1987

*

Всі стежини спішили від тебе,
А сьогодні вертають назад.
Ти закутана в хусточку неба.
Зорепад... листопад... сльозопад.

Не на щастя на небі підкова,
А на сум, на розлуку чиюсь.
Телефонним дзвінком випадковим
Я мовчання злякати боюсь.

Ну і хай вже!
Іди собі з миром.
Підростають нові солов'ї.

Як я з тиші сердечної виріс,
Примиряючи вчинки твої!..

7 січня 1987

(11)

*

Solitary like the Earth,
I am glad I'm not Caesar.
I have flown all over the Universe
Because I grew up
By the encircling forest.

I have shared the fate
Of the forest.

I make the gods human,
I deify the grass.

[1987]

*

Самотній, мов Земля,

Я радий, що не цісар.

У Всесвіті кружляв,

А виріс

Біля лісу.

Тож долю розділив

Із ним наполовину.

Олюднюю богів.

Обожнюю травину.

[1987]

(12)

ON A MASS GRAVE

A viburnum grows on a mass grave—
A startling splash of blood, bright red.
Planted as a girl's memento for her brave
First love. A bird lands overhead.

The small bird brings a morning song and sings.
Above its nest the blossom sways and swings.

A willow, leaning like a mother over a dying child,
Cries on grey granite as the wind gusts wild.

June 1, 1987

НА БРАТСЬКІЙ МОГИЛІ

Кущ калини на братській могилі,
Як із серця розбрискана кров.
Це дівоча рука посадила
Тут свою світанкову любов.

Прилітає до неї пташина,
Над гніздечком гойдається цвіт.

А верба, як та мати над сином,
Тихо плаче на сірий граніт.

1 червня 1987

(13)

AUTUMNAL SUMMER

Wheat is like a fox's fur.
Bloody tears—the poppies' strain.
Like hunters, chestnuts store
Ammunition once again.

Summer's roundup quickly moves
Age-old frog croaks as herds pass.
A wild bison tightens hooves
Luring troops to russet grass.

Rays of mouldering sunlight
Catch a rabbit's ears. Who recalls
Sleepy summer lunches and at night,
Outdoor meals as darkness falls?

In the woods it's August still,
A yellow moon in starry sky—
The drowsy fox stays low until
Still green October's nigh.

Birds are gathering in flocks
And the fields no longer sing—
These autumnal summer walks
Seek what destiny will bring.

August 27, 1988

ОСІННЄ ЛІТО

Пшениця—як шерсть лисиці.
А маки—сльозини крові.
Каштани—немов мисливці,
Готують набої знову.

Проводить облаву літо
Під крики старої жаби,
І зубра туге копито
В коричневі трави вабить.

Трухлявим промінням Сонце
Зловило за вухо зайця.
Обіди у літа сонні,
Вечері—то як вже вдасться.

У лісі ще серпень Місяць,
Між зорями Місяць жовтий
Крадеться заспаним лисом
У трохи зелений жовтень.

Збиваються птиці в зграї,
І луг перестав дзвеніти—
Це долю свою шукає
Осіннє-осіннє літо.

27 серпня 1988

(14)

GYPSIES

I envy them, as people do, I envy
Gypsies who sit in the park to mind...
Their scruffy kids... wild and free
Rascals climbing the trees they find.

Naked cherubs, angelic little folk,
They've lost their tiny wings in blue grass,
Leaving their mothers to sit and smoke
As barefoot over the gravel they pass.

They embrace the rain, they embrace the sun...
And tickle a pigeon under its wings.

We call them—but all of them hide as one...
Behind an old gypsy to whose crutches they cling.

October 14, 1988

ЦИГАНИ

Заздрити мені, по-людськи заздрити
Тим циганам, що сидять у парку...
Циганятам по деревах лазити,
Наче тим меткеньким кочегарикам.

Голі, карапузі, мов амурчики,
Що згубили крильця в синіх травах,
Залишили мам своїх закурених,
Босо покотилисч по гравію.

Із дощем та Сонцем обіймалися,
Лоскотали голуба під крильцями...

Кликали ми їх—то поховалися
До старого цигана під милиці.

14 жовтня 1988

(15)

FAITH. HOPE. LOVE.

It's important to stand aside
Not to be holy or preside
In charge of crosses with great pride
When others to iron bars are tied.

Conscience is important, as is bread,
Not for thirty silver pieces of silver—
But for Faith... I walk barefoot on earth
With fresh Hope for a small star.

How much strength does it take to forget
Meanness and hatred in people's eyes?

Love is forgetting the words you used,
In the name of all that's holy.

January 16, 1990

ВІРА. НАДІЯ. ЛЮБОВ.

Як важливо вчасно відійти.
Як важливо святістю не стати,
Голову поклавши на хрести,
Коли інші—на залізні ґрати.

Як важливо совість мати й хліб
Не за тридцять срібників—за Віру...
Босими ногами—по землі,
Юною Надією—для зіроньки.

Скільки вадить здатність забувать
Підлість і ненависть в людських лицях?

А Любов—непам'ять на слова
Перед тим іменням, що святиться.

16 січня 1990

(16)

*

Better be the enemy from hell
Than be a no-one, have no role.
Better be burned by a bursting shell,
Than sell your living soul.

Better that fate has you stoned
To death by a frenzied mob,
Than turn to a living idol throned,
Like slaves to weep and sob.

"He did not mold Mankind.
His image was thine."
A bard sees more if blind
Than some sighted divine.

Man in the face of Shame,
To a row of candles turns.

Shame was an honest enemy
So let them burn.

April 17, 1990

*

Краще вже бути ворогом,
Ніж не бути ніким
Краще згоріти з порохом,
Ніж продатись живим.

Краще, щоб доля кидала
Каменем з рук юрби,
Ніж до живого ідола
Йти, як ідуть раби.

«Люди, не ним ви зліплені,
Створений вами він»—
Бачить пісняр осліплений
Краще, як всі живі.

Перед обличчям Сорому
Ставить свічки у ряд.

Сором був чесним ворогом.
Значить—нехай горять.

17 квітня 1990

(17)

*

The dead are dying.
Soul lowers the bar.
Alien feet prick on
Grain sprouted out of pyramids.
Each morning one who molded us
Looks in a mirror
and gets acquainted with God
who was molded by the world.

[1990]

*

...Помирають померлі.

Душа опускає планку.

Коле ноги пришельцям

Зерно, що росте з пірамід.

Той, хто виліпив нас,

Йде до дзеркала кожного ранку

І знайомиться з Богом,

Якого виліпив світ.

[1990]

(18)

SUN

April.

Sky.

Stars.

First light.

Great Destiny unfolds.

Sun rises true over the horizon—

A rebellious golden head

The summer sun is hard to tame:

It rustles in the forest crown.

Fearing Fall, sun feels its shame,

And sinks as yellow leaves float down.

We shall see much—disappointed dreams,

My gods will die, fields turn black as strife.

The Sun is my last love, love supreme.

For to the Sun I owe my very life.

...The Star of Fate...

Never will forsake

Us, no matter

Whether saint or reprobate...

Flocks, as one, take to the sky, all fly—

Bullets, prayers, cranes—and die.

August 10, 1990

СОНЦЕ

Квітень.

Небо.

Зорі.

Ледь світає.

І велика Доля дозріва.

Чесно сходить Сонце понад краєм—

Золота, бурхлива голова.

Сонце влітку важко діставати:

На вершечку лісу шелестить.

Стидно Сонцю осені боятись,

То воно із листям облетить.

Буде все—повільний сум чекання,

Чорне поле, смерть моїх богів.

Сонце—то любов моя остання.

Світ мене без неї б не створив.

...Зірка Долі...

Зроду не покине

Нас воно—

Чи добрі ми, чи злі...

І летять, летять до нього, й гинуть

Кулі, і молитви, й журавлі.

10 серпня1990

(19)

*

Sisyphus once came up with happiness as well...
Avars... Sumerians... they left with him.
And someone held a stone inside his soul and fell
To the feet of armless Venus. I sing for her this hymn.

My singing was not for those idol slaves.
My cherished words, how quickly may I call you "thoughts"?
Do you remember all those gods who gave
Bread for people? What they really brought

Was love and sin...
and this defenseless camomile...

Sisyphus carries now his lucky stone.
And we are happy to be carried by Mammon...
for a while...

August 20, 1990

*

Собі придумав щастя і Сізіф...
Кудись пішли з ним обри і шумери.
Хтось камінь свій в душі переносив
І впав до ніг безрукої Венери.

Співаю їй.
Не ідолам-рабам.
Слова мої,
Скоріш думками будьте!..
Вже колосяться в амфорі хліба,
Які іще боги давали людям.

Що для усіх придумали усе:
Кохання, гріх, ромашку безборонну...

Сізіф щасливий камінь свій несе.
І ми щасливі:
Нас несе Мамона.

20 серпня 1990

(20)

IT'S MINE

The world is bright, like the wind
That shakes the early oats.
The East is filled
With the songs of swans flying.
In the distance, in the loneliness
The golden legend lives,
What is heaven
But a sad and dying field.

Here, from the neck of thunderstorms
You may drink
Venus love,
Where my mermaid loses
Her tender, ethereal gaze.

There is nothing I see
That I want,
Or would take,
If my native land
Did not bring
A lump quivering
To my throat.

[1991]

МОЄ

Світ тут світлий, як вітер,
Що струшує ранній овес.
І замішаний Схід
На піснях лебединої зграї.
В далині, в самоті
Золотої легенди живе
Те, що небом стає,
Але полем сумним вмирає.

Тут із горла грози
Можна пити
Любов Венер.
Та й русалка моя
Губить ніжно-космічний погляд.

Я б нічого від зір
Не хотів,
Не узяв тепер,
Якби рідна Земля
Не тремтіла
Адамовим яблуком
В горлі.

[1991]

(21)

*

Yellow willows... It is cold and dank.
Leaves falling on hands burn and sear.
I believe in God, in God I trust...
Sweetheart, don't cry on my shoulder here.

We visit the moon—a few or one,
With or without us, a lonely maid.
Like the gold corona around the sun,
A ring of light—
Alone and bright, that does not fade....

A swan that gently bobs upon the waves,
A leaf that quivers on a willow.
How bitter is your kiss, my love,
Slipping like a candle on your pillow.

As you slip into the mist far out of view,
Your dress is all around you like the veil
For my brother maple's marriage to his bride.
He grew in Eden's Garden—tall and hale...

...Yellow willows.

It is cold and dank.
The world circles in fortune's endless wheel.

I believe in you.

But I don't trust you...

Or the avenging angel's sword he wields...

October 2, 1991

＊

Жовті верби.

Холодно і сиро.

Листя в руки падає й пече.

Вірю в Бога, Богові я вірю...

Мила, не ридай мені в плече.

Ми в гостях у Місяця отого,

Що скучає з нами і без нас.

Мов окраєць серця золотого,

Він один—

Тому і не погас...

Лебедем хитається у хвилях

І листком тріпоче на вербі.

Гірко ти мене цілуєш, мила,

І пливеш, як свічка—по собі.

І пливеш, пливеш в туман від мене,

Розстеливши плаття—як фату,

На весілля брата мого—клена,

Що росте у райському саду.

...Жовті верби.

Холодно і сиро.

Світ замкнувся долі калачем.

Вірю в тебе.

А тобі не вірю...

Як і злому ангелу з мечем.

2 жовтня 1991

(22)

*

Growth.
Because God wants it.
If in soul I can but trust
I should live for two—
For Mom and me, I must, I must...

I give myself to you,
As winter gifts the summer.
Slow as grass I will recede,
And fade to twentieth-century drummer.

On my finger Grandma Death
Will wind eternity with my last breath.

The devil will grab his promised share
And spit three times in Heaven's air.

October 30, 1991

＊

Росту.

Бо так хоче Бог.

Якщо не злякають душу,

Я мушу бути за двох—

За маму й за себе мушу…

Себе подарую вам,

Як зими дарують літо.

Повільно, немов трава,

Погасну з двадцятим світом.

На палець бабуся Смерть

Мені насотає вічність.

Чорт частку свою візьме,

На небо сплюнувши тричі.

30 жовтня 1991

(23)

*

When you laugh there are dimples in your cheeks.
When you're sad—I see hollows in your heart.
What is always true—the finest flowers must
Be first to die from overwhelming rust.

Wild places smell of fields of prophesy.
The sun bathes every heavenly head.
The more the light—the less the pain,
The less the work defeating foes again.

March 2, 1992

*

Ти смієшся—ямки на ланітах.
А від суму—ями на душі.
Так вже вічно, що найперші квіти
Першими вмирають від іржі.

Дикий космос віщо пахне полем.
Сонце миє голови богам.
Більше світла—значить менше болю
І роботи менше ворогам.

2 березня 1992

(24)

FOR CYCLE "NOTES WITHOUT MUSIC"

At the cemetery

The trees

Are being uprooted...

Perhaps

It's time

To plant

People.

31 March, 1992

ДЛЯ ЦИКЛУ «НОТИ БЕЗ МУЗИКИ»

На кладовищі корчують

Дерева...

Напевно, будуть

Садити

Людей.

31 берез. 1992

(25)

RAIN

Driving rain...
Tripped over some hot face
And fell.
He kept his gaze on the crowd of astonished herbs.
Oh, well. The rain cries to a grasshopper violin
And stops.

May 1, 1992

ДОЩ

Дощ ішов…
Зачепився—й упав
На обличчя чиєсь гаряче.

Подивись в тихий натовп трав:
Дощ під коника скрипку плаче.

1 травня 1992

(26)

MONOLOGUE OF THE DEAD

...Thus, this is how you lie beneath the ground.
Roots of the cross and grass above you.
Below—far stars like fairies—out of bounds.
And from your head grow poppy plants, a few...

The sky is over us, below—the same.
The wind wears a raincoat made of stones.

And Earth shines, Green Swan—her name—
A halo circling her brow since Dawn...

May 23, 1992

МОНОЛОГ МЕРТВОГО

...Лежиш собі так-от, вкрившись землею.

Зверху—коріння хреста і трави.

Знизу—далеко—зорі, як феї.

Мак росте з голови.

Небо над нами, під нами—небо.

Вітру камінний плащ.

А вся Земля—як зелений Лебідь

З німбом кругом чола.

23 травня 1992

(27)

BLACK GOLD

Neither the Devil, nor the Lord
Have I entreated.
Black is gold
Or whose braid it is.

Gold is black,
Enchanting shawl...
Blue smoke over rooks
Circling a soul.

Somehow lost, changed.
Somehow... a stone blossoms.
Over foreign wine
The eyes of soulmates meet.

We are afraid to kiss
Before we laugh and dream.
We echo each other
It is easy to be two.

It is hard.
In the heat of youth
When other worlds beckon.
Black is gold
In the distance, solitude...

Still yearn for you like hell.
"What is it if not love?"

Sweet gold is black...
Juno foaming blood.

March 5, 1994

КОЛІР ЧОРНОГО ЗОЛОТА

Ні у чорта, ні в Господа
Я тебе не просив.
Колір чорного золота
У твоєї коси.

Колір золота чорного,
Зачарована шаль...
Синім димом над вороном
Закружляла душа.

Щось вже програно, змінено,
Щось—мов камінь цвіте.
Над заморськими винами
Очі рідних людей.

Боїмося цілунків ми
Перед сміхом і сном.
Одне одного лунами
Легко стати обом.

Важко.
Сердиться молодість,
Манять інші світи.
Колір чорного золота
В далини, в самоти...

Все ж люблю тебе чортово.
«Що ж це, як не любов?..»

Ласка золота чорного...

Юно піниться кров.

5 березня 1994

(28)

SPRING

...The blessing of rain.
Stones and maples grow.
Life is beautiful
And wonderful is death.
Think what you wish about me
In this moment now.
Endless now.

Gardens humming with insects,
Fields in their first flush.
Blue-eyed butterflies.

Spring—forever—hope, and hope—
An illusion for the dead
And the living.

April 2, 1994

ВЕСНЯНЕ

...Блаженний дощ.

Ростуть каміння й клени.

Життя красиве.

І красива смерть.

Що хочете, подумайте про мене.

Тепер моментно.

Вічнісно тепер.

Гудуть сади.

І поле восковіє.

Метелики—зіниці синяви.

Весна—завжди—надія, а надія—

Святий обман для мертвих,

Та живих.

2 квітня 1994

(29)

GOOD DOG

A good dog—not for a good man.
Especially in villages where there is no church...
He does not bark.
Just howls and yowls at moonlit birches
Silver on yesterday's snow-covered milk.

Kicked under the heart by a booted foot,
Some think this rich man saintly.
Cats give trembling Judas kisses
His beloved household pets.

The man has docked the dog's tail
And imagined its fur as a hat.

But the dog laughs like a warm blizzard.
He sees the world
Always tied to a leash.

May 22, 1994

ДОБРИЙ СОБАКА

Собака добрий—добрим не собака.
Таких не цінять в селах без церков...
Не гавкав він.
Лиш вив і срібно плакав
В засніжено-вчорашнє молоко.

Його під серце копав дядько взутий,
Багатий, людям—правильно-святий.
Тремтіли поцілунками Іуди
Хазяйновито люблені коти.

Уже й хвоста йому рубали глухо.
На шапку приміряли шерсть дзвінку.

А він сміявсь—як тепла завірюха.
Він світ увесь
Тримав на ланцюжку.

22 травня 1994

(30)

THE WIND OF HISTORY

Daily the wind of history rolls butt-ends
Over a world white as bread, or snow, or blossom.
After the uprising we will be different then,
For to rebel means to nurture a myth.

Then prop it up with spines and crosses.
And love ourselves in it and it in us.
To touch the sword with your lips, as if it were wine,
To surrender to naked fate, like lovers.

We cut strings through newspapers, strings trembling like hands.
Pink marble ... and a star in free fall.
The world crucified in suffering on windows' crossbars,
Silently burning itself out in black blood.

The happiness of animals and children is not ours,
In Rusalka's veins a trail of gasoline from the gloom.
And bombers fly too often in our skies.
Things are happening to people once again.

While you read the evening paper's news
A strong uncaring wind brings sorrow with it.
Stars rain down on us like coins for beggars.

Maybe, someone will feel sorry for us...

July 5, 2003,

*

Вітер історії котить недопалки буднів
Світом, що білий, мов хліб, а чи сніг, а чи цвіт.
Після повстання такими вже більше не будем,
Адже повстати—то значить злеліяти міт.

Потім підперти хребтами його і хрестами.
Потім любити у ньому себе і його у собі.
Як до вина, доторкатись до шаблі устами.
Наче коханці, віддатися голій судьбі.

Ріжем газетами струни, тремтливі, як руки.
Мармур рожевий... І падає вільна зоря.
Світ, розіп'ятий на хрестовинах вікон на муки,
Чорною кров'ю тихо в собі догоря.

Звірі і діти радіють ненашому щастю.
В жилах русалки бензиновий протяг з пітьми.
І бомбовози у небі літають занадто часто.
Знову щось коїться із людьми.

Доки читаєш вечірні свої газети,
Сильний байдужий вітер несе печаль.
Зорі нам падають, мов жебракам монети.

Мабуть, комусь нас жаль...

5 липня 2003

(31)

*

Like snow in maple pockets.
That shabby, tawdry, soulful clown
Brings his sacred circus words to town
Through masks massed on the stage.

Life passes—like the sea:
Will you leave ripples in your wake? ...

Repeat this after God—"I see..."
Then perish in the silence.

November 15, 1994

*

Дешевий душевний клоун.
Як сніг у кишенях кленів.
Церковно-цирковне слово—
Крізь маси масок на сцені.

Життя перейду—як море:
Хіба там сліди залишиш?..

Лиш Бога ледь-ледь повториш—
І знов пропадеш у тишу.

15 листопада 1994

(32)

*

A few remembered songs and children...
All that; what could be.

And now for some reason
Overlaying that, last year's
Moonshine and blood
Pierce the dust on country roads.
Still cherry trees sweet,
Quiver high above me.

On asphalt roads
Before my feet, souls boil.
There fate lies, deep, windblown,
Like a black sea.

The time has come.
To ask what we regret...

What we bring before God
Are not our joys,
But our sorrows...

December 3, 1994

*

Кілька впертих пісень і дітей...
Це усе, що зміг.

А тепер я чогось
Горішній якийсь, торішній,
Самогоном і кров'ю
Пробита пилюка сільських доріг.
Ще молодить мене
Солодке тремтіння вишні.

На асфальтах доріг
До основ прокипіла душа.
А глибока, і вітряна доля—
Як—чорне море.

Час приходить.
Питаєм: чого нам жаль?..

Гордимось перед Богом
Не щастям своїм,
А горем.

3 грудня 1994

(33)

*

This love—like something from the candy stores:
Finger-licking—for a waltz or two.
Like a child's toy, my heart is yours....
This love is only fit for You.

And me, this rake with wandering eye
Closeness with strangers scares me away

You could, of course, become a friend
When all the love to You I will repay

July 22, 1995

*

Ця любов якась—мов з магазину:
Пальчики оближеш—і у вальс.
Забавляє серце, як дитину...
Ця любов придатна лиш для Вас.

А мене, такого волоцюгу,
Нетутешній затишок гнітить.

Ви могли б, звичайно, бути другом,
Коли Вам любов'ю заплатить.

22 липня 1995

(34)

*

A man and a woman—
Forgetting time for Mass
We tumbled in the hay
Like birds and bees, and Man.
No sense of future—this day
Soon passes into something past.
While the Moon sways like a pail
Between two water wells.

A wild raspberry... Saint John's Wort...
Your shoulder... knee...
Whole body... a hair
Plucked instinctively from lips.
The forest is a church
Of wolves and cranes
We feel the willows moan
In wandering circles.

I touch you like a river,
Clasp—delicately, as if you were a fish.
I am afraid to make you want me...
So all I do is wrong.
Either I am smothering grief
Or influenza lays me low
For every Christmas holiday...

Someone weeps at night,
Calls it a happy dream.

Summons the aid of wine
To soothe the blood.

And I love you.
I almost understand—
What this is—
Love...

May 4, 1997

*

Як самка і самець—
Ми про церкви забули.
Валялися в траві
У позах різних птиць.
Майбутнього—нема.
Минулося минуле.
І Місяць хилитнувсь,
Як відра між криниць.

Малина… Звіробій.
Плече твоє… коліно.
Все тіло… волосок,
Недбало взятий з уст.
Як в церкву, йдем у ліс.
Він вовчо-журавлиний.
І чуєм стогін верб
У коченні коліс.

Торкаю, мов ріку.
Беру—тонку, мов рибу.
Я лоскоту боюсь…
Тож все роблю не так.
Або уб'ю печаль,
Або заляжу з грипом—
На всі свята…

Хтось плаче у ночах,
Назвавши щастям мрію…

На поміч зве вино,

Спокійніше за кров.

А я тебе люблю.

Я майже розумію—

Що це—

Любов…

4 травня 1997

Ihor Pavlyuk

(35)

THE LYRICIST'S LAST WORD

Oh, it's not worth sleeping with a Muse,
Or kissing words from her mouth's flame!
Use your hands to scoop up music—
And the tune is not the same...

A young farm girl will offer prayers
Before dawn sweeps the stars away.
Like a prayer—her nakedness she airs.
Early morning's cold without array.

The church is blanketed in snow,
Homeland too, and the devil's trail.

My Muse glares at me in fury,
Clasps her belly to tell the tale.

September 28, 1997

ОСТАННЄ СЛОВО ЛІРИКА (ІРОНІЧНЕ)

Ах, не варто спати з Музою,

Цілуватися в уста!

Зачерпни руками музику—

І вона уже не та...

Молода селянка молиться

Перед віником зорі.

Як помолиться—оголиться.

Зранку холодно без кори.

Замете снігами й церковцю,

Й батьківщину, й чорта слід.

А на мене Муза сердиться,

Обійнявши свій живіт.

28 вересня 1997

(36)

*

Horses wearing hoods...
Emptiness.
Fall is coming soon,
A gold coin, largesse
In someone's path.

Dipped headlights shine.
Faint scent of pine...

Unfinished stanza
On the tongues of birds

November 16, 1997

*

Коні в масках...
Пустота.
Скоро буде осінь.
Як монета золота
На чиїйсь дорозі.

Хриплувате світло фар.
Запахи соснові...

Недописана строфа
На пташиній мові.

16 листопада 1997

(37)

*

My Sister – Life.
Boris Pasternak

A dream of early man has finally come true.
A lilac scent—like death before the crown.
The dream is true at last.
Brief moments.
Magically, my beloved's face.

Some laugh at human love.
What can I say? Their laughter lets them go.
They waste no time in empty talk
Of dawn and moon, of music, snow.

Come the night—Man's moral sense expires.
But in its place a sense of liberty.
Yet weariness remains with the salty mire
Of all life's pointless victories.

Behind our plows the farmers' god gives muddy
Lessons on how to turn mistakes to joy.
Someone, who can never be a buddy,
Is in my head and I in his, this long-dead boy.

Then warmth and feeling good—as if in Spring,
When lilac blossoms and the orchard sighs.

And I accept what used to make him sing
With love a billion years ago, a sister in my eyes.

November 28, 1997

*

Сестра моя – жизнь.

Борис Пастернак

Вже збувся сон первісної людини.
Бузок запах—як смерть перед вінцем.
Вже збувся сон.
Коротшають хвилини.
Магічніє коханої лице.

Сміються люди з людської любові.
А що їм, людям? Їх рятує сміх.
Та не марнують часу на розмови
Зоря і Місяць, музика і сніг.

Приходить ніч—людська мораль зникає.
А дуже гостре волі відчуття.
І зостається втом солона зграя
Від непотрібних перемог життя.

Селянський бог іде за нашим плугом
І вчить робити щастя з помилок.
Той, хто мені не вміє бути другом,
Притулить до чола мого чоло.

І стане тепло, добре—як весною,
Коли цвіте бузок і стогне сад.

І я прийму, і я назву сестрою

Те, що любив

Мільярди літ назад.

28 листопада 1997

(38)

*

He lay—as if asleep,
Not knowing he had died or how...
That he had sung his final song of pain,
That that's—his lot.
That he is no one now
Yet still unable not to be alive.

Girls and horses in his dreams...

All else—vanity, no place that's home...

As at birth, a frozen darkness
Shrouds his navel string.

April 27, 1998

*

Лежав—як спав.

Не знав, що вже помер...

Що відспівав вже болями про мрію.

Що він—усе.

Що він ніхто тепер.

Що він іще не жити не уміє.

Дівчата й коні снилися йому.

Все інше—суєта, не батьківщина...

І, як спочатку, мацала пітьму

Його, заросла ним же, пуповина.

27 квітня 1998

(39)

*

Growing sadness—like a candle on its knees.
Rain keeps falling—empty as a string.

I'm in New York.

Ukraine is here.
Bloodless, condensed, without wine.

A crucified dove.
Statue of Liberty—
And the feeling that I've seen it all before.
The great migration of the nations.
Long, long ago, and now no longer anywhere.

Foreign fire.
And water—razor sharp.
Love of money—sinful, Freudian.
And somehow I'm ashamed to pray,
An ignorant prosodian.

On the horizon are new horizons.
And gray—hair, eyes, snow ....
Life in America is a holiday.
America does not suit me, I should go.

I want to be in Volyn's natural forests,
Cut hay again and listen to the stars,

Betraying neither child nor home,
And breathe the smell of wormwood to the bone.

Lulled to sleep, time to face the soul,
That I have not yet sold for good or ill.

Growing sadness.
And I grow with it, whole—
Lighter, higher, higher and less shrill.

February 17, 1999, New York

*

Росте печаль—як свічка на колінах.
І дощ іде—порожній, мов струна.

А я в Нью-Йорку.

Тут є Україна.
Якась безкровна, стисла, без вина.

Розп'ятий голуб.
Статуя Свободи—
І відчуття: це все я бачив десь.
Велике переселення народів,
Яких уже давно нема ніде.

Вогонь нерідний.
І вода—як бритва.
Любов за гроші—грішна, ніби Фрейд.
А я чогось встидаюся молитви,
Не знаючи, навіщо йти вперед.

За горизонтом знову горизонти...
І сивина—волосся, очі, сніг...
В Америці живу, як на курорті.
Америки не хочеться мені.

А хочеться в прості ліси Волині,
Косити сіно, слухати зірок,

Не зрадивши ні хаті, ні дитині.
І полином пропахти до кісток.

Приспати час, боротися з душею,
Яка іще не продана за гріш.

Росте печаль.
І я росту із нею—
Світліше, вище, вище і тихіш...

17 лютого 1999, Нью-Йорк

(40)

PEOPLE

Time passes—the way a child grows.
And snow—hides every sin around.
Men swig from bottles

Red liquor flows,
For white is no more to be found.

Women kiss cabbage heads in dreams
Bring children from the maples broad,
For in their veins is spring—and such a spring,
And here—a grass-like fine green sward.

And silly geese and hens, a crowd
Of people—plain, jinxed they said.
I read my songs aloud
Encouraged by the way ahead.

A woman passes,
Glory—too...
And vodka boils away to steam.

A boy from Venus will remember me—
A Poet shall be born in him.

November 25, 1999

ПРОСТОНАРОДНЕ

Час іде—як діти ростуть.
А сніг—всі гріхи сховає.
Дядьки щось із пляшок
Червоне п'ють,
Бо білого більш немає.

Тьотки капусту цілують у снах
І родять дітей від клена,
Бо в жилах весна—така, як весна,
А ще—як трава, зелена.

І гуси дурні, і кури чудні.
І люди—просто зурочені.
А я читаю свої пісні,
Дорогою заохочений.

Бо жінка пройде,
І слава мине...
Й горілка згорить, оводниться.

А хлопець з Венери згадає мене—
І в ньому поет народиться.

25 листопада 1999

(41)

*

The stars heal me as does the sea,
Or the age-old call of cranes.
With blossom trembling on cherry trees,
Like sleeping infant souls.

The distant road does not redeem us,
For freedom's poison to the weak.
No torment's worth a tinker's cuss.
For years pass by at breakneck speed.

So stand.
Undaunted.
Hollow.
Laurel
Blackthorn,
Willow.
They said: plantains cure,
Hidden from Earth beneath the soil.

Stars light the face
Moon's lips hot grace.

You are the Cure,
Someone calls himself.
He calls, beckons—without embrace.

December 22, 1999

*

Зорями лікуй мене і морем,
Допотопним зойком журавля.
З вишні цвіт осиплеться прозорий,
Наче душі сплячих немовлят.

І дорога більше не рятує,
І свобода труїть, хто слабкий.
І нічого мука не вартує.
Швидко-швидко йдуть кудись роки.

Стоїмо.
Невтолені.
Порожні.
Лавровишня.
Терен.
Верболіз.
Сказано ж: лікуєм подорожник,
В землю заховавшись від Землі.

Зорями освітлені обличчя,
Місяцем опалені уста.

Ти лікуєш,
Хтось до себе кличе.
Кличе, манить—та не пригорта.

22 грудня 1999

(42)

*

A billionth leaf from calendars,
Flutters—like a Christmas garland.
From its cord a star
Hangs crucified.

An old photograph
Yellow as the Fall
From its cord a star
Hangs until October.

I am a man of deep waters
I pray secretly.
Cruel times.
Salty tears in smoke,
In darkness happiness.

This was long ago enshrined
For me and for the world—
That nothing helps—not wine,
Nor white-hot steel.

Like the taiga—to be long lived,
Drink Chinese tea.
Not a hell of Hells.

Just movies.
Heaven isn't Paradise.

The Earth in Heaven,
In the steppes a purplish sky.
But this is life—
the Milky Way.
What more do you want?

This breadth of night,
By day—it's gone.
Dancing lights of candles,
Burn on and on.

Simple, like happiness,
Cherished,
As the early Fall.

A billionth leaf
White as snow,
Flutters still.

February 23, 2001

*

Мільярдний лист з календаря
Злетить—як свято.
На власних променях зоря
Висить, розп'ята.

А фотографія стара—
Як осінь, жовта.
На власних променях зоря
Висить до жовтня.

Я ж до глибокої води
Молюсь таємно.
Жорстокий час.
Солоний дим.
У щасті темно.

Усе пояснено давно
Для себе й світу.
Не допоможе ні вино,
Ні сталь нагріта.

Немов тайга, живу давно,
П'ю чай китайський.
Не пекло Пекло.
Все—кіно.
І Рай не райський.

Земля у небі,
У степах—лілове небо.
Ну а життя—
Молочний Шлях.
Чого ще треба?

Такий широкий уночі,
Удень—немає.
Танцює вогник на свічі—
І не вмирає.

Простий, мов щастя,
Дорогий,
Як рання осінь.

Мільярдний лист,
Як сніг, блідий,
Летить і досі.

23 лютого 2001

(43)

*

Leaves, like the burden of souls, have soared.
A white world whitens—till winter's done.
Music that trembled through veins in chords
Flowed out—and now there's none, none...

Only a bittersweet cherry-wormwood
Tang, lingering on a tear,
Heavy-laden beauty of groves long stood,
And far away, "Oh, Saviour, hear my prayer..."

First frost is when the apples fall,
First leaves the springs of life conceal—
Fathomless, happily—sinfully.
And wait for blossom, for solitude.

June 5, 2002

*

Листя, як тягар з душі, злетіло.
Білий світ біліє—бо зима.
Музика у жилах затремтіла,
Потекла—й нема її, нема...

Тільки черешнево-полиновий
Присмак зостається на сльозі,
І важким-важка краса діброви,
І далеке «Госпаді, спасі...».

Першим льодом яблуко відріжеш,
Першим листям нерви прихистиш—
І бездонний, і щасливо-грішен.
І чекаєш цвіту й самоти.

5 червня 2002

(44)

*

A precise and windblown snowflake fell
Upon the lips I loved to kiss.
Will, heart and you standing still,
Teetering on a peak or precipice.

Sun coursed through your veins,
Or used to
And summer slipped on by, as summers do.

Like a star, in solitude, you stand.
Still beloved, but yet... sacred...

August 5, 2002

*

Правильна і вітряна сніжинка
Опадає на твої уста.
Буде, серце, і твоя зупинка,
Як було провалля й висота.

Сонце в кров заходило, бувало.
І минало літо, як літа.

Мов зоря, самотня, ти стояла.
Ще кохана, але вже...
Свята...

5 серпня 2002

(50)

AUTUMN LANDSCAPE

The autumn wind is dense as water.
Apples—stallions...
Age-old blood-red rooftops
Sparkle like icons.

I make my blue way through the night
Breathing like a perch.
In gold, like a tear, a flow
Of noble suffering.

Gently extracting the bile of sadness
With songs of freedom.

I remain here,
Leaving the madness
In those anguished hands...

October 8, 2011

ОСІННІЙ ПЕЙЗАЖ

Вітер осінній густий, як вода.
Яблука—коні...
Кров'ю століть черепичний дах
Блискає, мов ікони.

Синя дорога моя у ніч
Диха, як окунь.
По золотій, мов сльоза, струні
Страшно високо.

Ніжно виводжу печаль, як жовч,
З пісні про волю.

Я зостаюся,
А ти як хоч,
В цій ласці болю...

8 жовтня 2011

(46)

MAYTIME

It is the devils' season—they are back.
Ancestors' faces, like water under ice.
Perfect silence nests in willow's crack,
Maïdan's a-buzz with people, movement, life.

Skyscraper temples...
Blossom—warm as snow.
I am in paradise.
I have my apple and my Eve.

And I am flying
Like a prophetic dream
Through last year's wind-damaged trees...

May 3, 2009

ТРАВНЕВЕ

Така пора—на біс виходить біс.

Обличчя предків—як вода під льодом.

Тихенькі повні гнізда на вербі,

Гул на майдані, названий народом.

Захмарні храми.

Цвіт—як теплий сніг.

Вже рай мені.

Є яблуко і Єва.

І я літаю,

Як у віщім сні

Торішнім вітром зламані дерева...

3 травня 09.

(47)

ASSOCIATIONS

An angel laughs aloud—
A devil plays unseen.
Masks—faces for the crowd.
Grass—a tiny forest green.

Wisdom—first mark of age.
Tenderness—a youthful knife.
Kobza—guitar presaged.
"Yes"—yesterday's "no" in life.

Sun—a pagan candle.
Sugar—delicious grain.
Gunshot—peace eternal.
God—the forgotten pain...

June 26, 2009

АСОЦІАЦІЇ

Ангел, який сміється—
Це уже трохи біс.
Маски—колишні лиця.
Трави—маленький ліс.

Мудрість—це перша старість.
Ніжність—це юний ніж.
Кобза—бабця гітари.
«Так»—це вчорашнє «ні».

Сонце—поганська свічка.
Цукор—весела сіль.
Постріл—це тиша вічна.
Бог—то забутий біль...

26 червня 2009

(48)

TO THE CYCLE "POETS XXI"

There was nothing to dream
And nothing to happen.
We walked against the wind—
Not speaking...
We angered devils,
Amused God,
Loved our forefathers.

Stygian gloom, Satanic dark
Blood steeped in spirits.
Separate lives
For Soul and Body,
Both asleep.

And our muse
With angry eyes
Like forget-me-nots.
Our friend went to his grave
Alert for all eternity
Like a dog in its kennel.

So what remains?
This grass, these stars,
This submerged realm?
What if he says
"Hello, I'm sorry,"
And truce is declared...

Brothers in blood...
Brothers in spirit...
There is nothing.
Above us lethargic flies
And in the earth
Sweet froth
from those with power
Gently tickles the lips,

We honour him
We are gentle, brave
Almost prophetic.

We know:
The will

The mental pits
Physical flights...

To us, it seems
There were just

Some poets...

September 19, 2008

ДО ЦИКЛУ «ПОЕТИ XXI»

Нічого не снилось.

Не сталось нічого.

Ішли проти вітру—

Не говорили...

Гнівили чорта,

Смішили Бога.

Предків любили.

І сутеніло, і сатаніло—

Мов кров у спирті.

Жили окремо

Душа і тіло.

Обоє спиті.

І музи наші

З очима злими—

Як незабудки.

І друг в могилу

Навіки здимів—

Мов пес у будку.

А що зосталось?

Трава і зорі?

Підводне царство?

Чи те, що каже

«Здрастуйте, sorry,»

Парламентарство?..

Брати по крові...
Брати по духу...
Нема нічого.
Над нами сонно
Літають мухи
І по-земному
Солодка піна
Від власть імущих
Уста лоскоче.

Ми хочем слави.
Ми ніжні й мужні,
Майже пророчі.

Ми знаєм:
Будуть
Душевні ями,
Тілесні злети...

До нас, здається,
Були так само
Якісь поети...

19 вересня2008

(49)

*

This poem was written after my father's funeral.

Glistening grief and sorrow
Two crane-gathered leaves...
Has he truly gone,
Is he still on Earth?

Poems of clay and straw—
Like prayers, written
Somewhere far from home
From childhood, borsch...

Among the blesséd knolls
Where lie three "Pavlyuk"...

All this is yet unwritten
All this is the final page.

And in the lungs remain
Like barest breath of oxygen
In green of paradise
The tortuous pain of hell.

With him I lived my time,
With sins dark as molasses.

"Death, what is your name?"
He calls as though...
I am deaf.

July 8, 2011

*

Вірш, написаний після похорону батька.

Сухозлоття печалі.
Два листки журавлів...
Чи то вже від'ячали,
Чи то ще на Землі?

Вірші з глини й соломи,
Як молитву, пишу
Десь далеко від дому,
Від дитинства, борщу...

Від горбочків хрестатих,
Де «Павлюк» через три...

Все це не описати,
Все це вийшло із гри.

Та зосталось в легенях,
Наче кисень, ледь-ледь,
Щось по-райськи зелене,
По-пекельному зле.

З ним мені вікувати
З темним медом гріха.

—Смерте, як Тебе звати?
—Зви як хоч...
Я глуха.

8 липня 2011

(50)

A GIRL

A barefoot girl weeps
On Grandma's doorstep.
Disillusioned Fall
Summons them both.

Coldness fills her soul
Even the rooster's dumb.
"For whom do you feel sorry?"
The girl replies,
"Everyone..."

June 22, 1990

ДІВЧИНКА

Плаче дівчинка боса
На бабусин поріг.
Розчарована осінь
Кригає по дворі.

На душі, прохолода.
Навіть півень затих...
—А кого тобі шкода?
Каже дівчинка:
—Всіх...

22 червня 1990

(51)

THE RIGHT TO BE A LONE WOLF

For the right to be a lone wolf here
I'll pay "the full price."
As skies of silky white pay dear
Earth's sacrifice.

A foreleg snared, front paw trapped as well,
Someone stabbed me in the back.
Until Fall's rain on my heart fell
Through small round holes and cracks.

Black-listed in the bad old days maybe
By both left and right
Part of the brotherhood of infamy,
A State where right is might.

If Mother were alive she'd lift the evil eye,
So vodka's there to swill...
The cross upon my chest is thin and high—
Long as a quill.

Yet still the towering shadows call
Of poets long renowned.
As if from space like leaves in Fall,
On Lethe's banks abound.

Their honest glory—that death does not deny—
A shared wealth.

The right to be, the right to die
As me, Myself.

November 17, 2008

ВОВЧЕ

За право бути самотнім вовком
Плачу «по повній.»
Так небо платить біленьким шовком
Землі жертовній.

Була в капкані передня лапа.
Хтось в спину вцілив.
Аж дощ осінній на серце крапа
Крізь дірку білу.

Від роду, мабуть, у чорних списках
В лівих і правих,
У побратимів великопиських,
Та й у держави.

Була би мама—зняла би вроки,
А так—горілка...
І хрест на грудях тонкий, високий—
Немов сопілка.

А ще приходять великі тіні
Легенд-поетів.
Такі космічні, такі осінні,
Як берег Лети.

І чесну славу—щастя посмертне—
Ділять зі мною

За право бути, за право вмерти
Самим собою.

17 *листопада 2008*

(52)

FLYING AND FALLING

I dedicate to Ivan Hnatyuk

Flying is easy. Falling leads to pain.
Someone's scrabbling at the snare again.

Some beg for glory, some for coins and food.
Here all is give-and-take in foolish good.

Blood and water—these are their wines.
Made from the fruit of homeland's vines.

They leave with songs, return with salty tear.
Three funerals and one wedding here.

Honeymoon, a soldier maimed.
Of we three hundred, three remained:

This white dove, my father's grizzled hair.
Such loneliness, such beauty there.

Flying is easy. Falling leads to pain,
Breaking free, he turns to start again.

July 22, 2000

*

Іванові Гнатюку

Летіти вміли. Не вміли впасти.
Хтось дряпав двері своєї пастки.

Хтось жебрав славу, хтось хліб і гроші.
Тут всі давальці дурні й хороші.

Вода із кров'ю—то їхні вина.
Де впав, набравшись, там—батьківщина.

Ідуть з піснями, вертають—сіллю.
На три вмерлини одне весілля.

Медовий Місяць, безногий воїн.
Було нас триста, зосталось троє:

То—білий голуб, то батько сивий.
Такі самотні. Такі красиві.

Летіти вміли. Не вміли впасти,
Зламавши двері своєї пастки.

22 липня 2000

(53)

TOO LATE TO TURN BACK

Too late to turn back,
The game's like warfare...
Songs on the track
Replaced by prayer.

Fields sleep under snow
While the lute plays.
Past went long ago
To live in future days.

The knowing heart,
Becomes a sounding bell.
Inertia in a hundred ways.
One crown,
One love
One short of money.
Last moments sunny
Sweet as summer rain.
Like gleaming honey,
Or honest pain—
The greatest silence,
The final silence.

Wind ever quickening,
A dying star at night.
A candle flickering
In the broken light.

Too late to turn back,
The game's like warfare...
Songs on the track
Replaced by prayer.

August 29, 2001

*

Вертатись пізно.
Вже гра—як битва...
На зміну пісні
Прийшла молитва.

Сніги заснули
Під гру на лютні.
Уже минуле
Стає майбутнім.

Душевне серце
Зробилось дзвоном.
Є сто інерцій.
Одна корона,
Одне кохання,
Одне безгрішшя.
І мить остання
За міт миліша.
За мед світліша,
За біль чесніша—
Найбільша тиша,
Остання тиша.

Там вітер вічний,
А зірка смертна.
Сорочка свічки
Об світ подерта.

Вертатись пізно,

Бо гра—як битва...

На зміну пісні

Прийшла молитва.

29 серпня 2001

(54)

A WOMAN

I dedicate to Lyudmyla Pavlyuk

There is neither pleasure nor pain,
She dreamed of a crane that soared above.
A woman who wanted to be by the sea
And you sing to me a song of love.

In blue barn tales, on a manger of hay,
On the right hand of the tsar of flowers...
A woman adored in just the same way
As an icon in monastic cloisters.

A sleeping fox on her pale neck,
A sable—an unbraided tress...
No saint was she, nor prostitute
For she had children, like the rest.

And when Fate changed the wedding rings,
Gold as weeping willow wood,
She fell, ascended unto Christ
As if her heart had drained of blood.

Who will embrace her in this world?
When Angel and Satan are bound in a pair
In a woman who wanted to be by the sea,
A black-and-white sail is what she should wear.

February 11, 1991

ЖІНКА

Людмилі Павлюк

Не було ні радості, ні горя.
Снилася, як небо журавлю,
Жінка, що хотіла бути морем,
І яку, як пісню, я люблю.

Десь на сіні, в синіх сінях казки,
Одесную квітки і царя...
Жінку, що зазнала стільки ласки,
Як ікона у монастирях.

Спить лисиця їй на білій шиї,
Соболь—на розплетеній косі...
Не свята вона і не повія,
Бо жила й родила, як усі.

І коли міняла доля перстень,
Як себе вербина золота,
Жінка впала, наче кров на серце,
Піднялася віями Христа.

Хто її у світі цім пригорне?
Коли ангел в'яже сатану,
Жінку, що хотіла бути морем,
В чорно-білий парус одягну.

11 лютого 1991

(55)

A TOXIC SNOW

Fumes of toxic snow.
I'll make a horse so.
Freedom's cheap without rebellion's show.
Stubble in a field cut long ago
Pricks like secret love held deep below.

And life speeds by faster than time,
Straining for happiness to flow
In all those worlds we've left behind,
And those where all may someday go.

I'll tread a path through winter's snows
To kiss the lives diseased and souls with wings.
I see myself reflected in my foes,
Like rivers of wine before their flow begins.

What is comic can be frightening stuff,
What does not bend is bound to break one day.
Maybe time will grab life by the scruff,
Look straight into its eyes and then replay.

The world seems simple, like fresh-laid snow,
But there's complexity in every flake.
Perhaps a roadside flower will show
Its face in a window frosted and opaque.

A candle wick becomes a vein
Ever more transparent yet the same....

Fumes of toxic snow,

And I sense

History already written.

December 30, 1999

*

Сніг чадить.

Ліпитиму коня.

Бо дешева воля без повстання.

І давно не голена стерня

Коле, як приборкане кохання.

А життя йде швидше, аніж час,

Важко прикладаючись до щастя

В тих світах, де вже немає нас,

І у тих, де всім побути вдасться.

Протопчу стежину у снігах.

Так цілують мертвих і крилатих.

Впізнаю себе у ворогах,

Наче вина в ріках непочатих.

Що смішне, те трохи і страшне.

Те, що поламається, не гнеться.

Може, час життя наздожене,

Гляне в очі—і назад вернеться.

Світ простий-простий такий, мов сніг,

І складний, ну як сніжинка кожна...

Тож лицем в замерзлому вікні

Стане, може, квітка придорожня.

Гнотик свічки веною стає

І при тім прозоріє, прозоріє...

Сніг чадить.

І чується мені

Наперед написана історія.

30 грудня 1999

(56)

CREATED

When wind was created
When waters and stars came to be.
Tears of happiness Were painted on human cheeks.
Leaving drops,
Salty and transparent,
Carving a channel
On the left arm.

Its scars are on the right arm
That came to love the cross and quill
And hold rampaging sword
Gripping tight the hilt.
Strings were created,
Tight and endless as veins
With the viscera of bread and body
And the red seal of a bullet.

Guts will not plug a bullet hole,
When the world spins
And the hot ground swims
Beneath your feet.
You will go to your ancestors—
To the Rusyns, Drevlians and Dulibs.
And return from that eternal place
As the plaintive cry of a crane in spring.

Someone will greet you...
And candles will sing in chorus
Of freedom and fate
Of your love, which lives elsewhere.
You'll create a carpet of flowers,
Smother barkless maples in caresses
And die again for something
That others drink to.

March 11, 2002

*

Придумано вітер.
Придумано води і зорі.
Слізьми намальовано
Щастя на людській щоці.
Тому—по краплині,
Солоне тому і прозоре.
І русло тому воно має
На лівій руці.

А шрами на правій,
Що хрест і перо полюбила
І п'яної шаблі
Тримати змогла рукоять.
Придумано струни,
Тугі, безкінечні, як жили.
Придумано м'якуш
І кулі червону печать.

Ту дірку від кулі
Уже не затулиш тим хлібом,
Коли попливе під ногами
Гаряча земля.
І підеш до предків—
У руси, древляни, дуліби.
І вернешся звідтам
Весняним плачем журавля.

І хтось упізнає...

І свічі співатимуть хором.

Про волю, про долю,

Любов нетутешню свою.

Придумаєш квіти,

Заласкаєш клени безкорі...

І знову загинеш за те,

За що інші п'ють.

11 березня 2002

(57)

CHRIST

Subway wind—the tunnel smell,
Sweeping Vertep's* souls into eternity
Christ came, as to a desert fell:
They did not crucify Him...
They laughed at Him.
They sat.
They ate.

Raging at earthly and heavenly powers
The crowd squeezed to a fist, fell still.
Someone tapped Him gently on the shoulder,
And asked, do these or those reflect your will?

He, tired of endless revolutions,
Threw a dry twig on to an age-old fire.
And asked, as once He asked Barabbas:
What are they called?
For He was a carpenter...

And nails blossomed
On his
Palms.

*Vertep: traditional puppet theatre which presents the nativity
scene and mystery plays.

August 25, 2001

ХРИСТОС

Вітер метро—запах тунелю,
Яким у вічність душі вертепні летять.
Прийшов Христос, як у пустелю:
Не розп'яли...
Посміялися з нього.
Сіли.
Їдять.

Владу «ругають» земну й небесну.
Натовп стиснувся в кулак і затих.
Христа по спині поплескали ніжно, чесно,
Питаючи—за тих він, а чи за тих...

А він, хто втомився від революцій,
Підкинув суху галузку в старий вогонь
І запитав, як колись Варраву:
Як вони звуться?
Бо він був тесля.

І цвяхи цвіли
Із його
Долонь.

25 серпня 2001

(58)

IN A BAR GLASS

North light flickers
Like a fox's eyes.
It's autumn.
I'm in a bar.
Where am I going?
And what am I doing,
So sad and alone?

A modern song
(No good at all)
Contaminates the air.
And we decipher
Secret signs
Of something, above people.

A mournful light,
The smell of perfume
Here in this old bar.
And someone says
When trains go "West"
Cranes fly overhead.

A candle—like the tears
of an old elk,
Drips on to tormentil*.
These people here
Have had to draw a gun
More than once.

They have scars,

Blue tattoos...

...And damn few words.

What's poetry to them?

Country?

Cranes?

But maybe, today,

Does being drunk

Make them ache with sorrow?—

Devout grannies,

Hungry children—

Like blank cartridges.

The open door's

A coffin lid.

The morning's gray

As mercury.

The world shall be

In God's likeness.

I choose

The Way.

* A herb-flavored liquor

September 28, 2007

У СКЛЯНІЙ КОРЧМІ

Північ тремка—
Мов зіниці лиса.
Осінь.
Сиджу в корчмі.
Куди ми йдемо
І де взялися,
Такі сумні і самі?

Пісня сучасна
(Якась ніяка)
Із «брехунця» димить.
А ми розшифровуєм
Тайні знаки
Того, що над людьми.

Світло сумне
І парфумів запах
В цій от корчмі старій.
І поїзди (каже хтось)
«На запад»...
І—журавлі вгорі.

Свічка—як сльози
Старого лося,
Капає на калган.
Тим, що сидять тут,
Не раз довелося
Братися за наган.

Шрами у них,
«Татуйовки» сині...
Бляді... і мало слів.
Що їм до віршів,
До батьківщини,
До журавлів?..

А може, їм,
Саме їм сьогодні
П'яна печаль болить?
Церква-бабуся,
Діти голодні—
Як холості стволи.

Двері відкрилися
Віком гробу.
Ранок сивий—
Мов ртуть.

Світ набирає
Божу подобу.

Я вибираю
Путь.

28 вересня 2007

(59)

WINTER

It's winter.
Rowan berries shine like drops of blood
That bullfinches peck and graze.
A mysterious woman will come.
Brighten my aimless days
Show me a goal and the ways.

Somewhere in the woods
We'll make a snow-woman—
Like those on the steppes, in stone.

Which will be more eternal in our paradise?
The one that is more poignant...

January 31, 2002

*

Зима.

Горобина—мов краплі блискучої крові.

Прилетять снігурі—склюють.

Прийде жінка містична.

Скрасить мою безтолковість.

З'явиться ціль і путь.

Зліпимо з нею у лісі

Бабу смішну снігову свою—

Таку як в степах кам'яна.

Яка з них вічніша у нашім раю?

Та, що більше сумна...

31 січня 2002

(60)

A GENTLE BREEZE

A gentle breeze.
So human, a wolf's eyes...

That's it, that's it...
My grandpa used his wit
To open eyes...
About a world
Not this one.

The soul—
Like an empty cradle—
Rocked and swayed by distance.
While from a cellphone plays
An ancient, springtime song.

We were born at a time
Before it was even thought of

For whom shall we be famous
When everyone is gone?

February 20, 2007

*

Красивий вітер.
Людські очі вовка...

І—все, і—все...
Ще мого діда золота примовка
Про світ
Не цей.

Душа—
Немов колиска без дитини—
Колише даль.
А із «мобілки»
Пісня старовинна і молода.

В такому часі народитись
Припало нам.

Кому ми будем знамениті,
Як всім хана?..

20 лютого 2007

Ihor Pavlyuk

(61)

READING MY POETRY

You read my poems with your body—
Slender as Spring.
Verses hidden in my veins,
Like sips of wine that sing.

On one crazy, halcyon night
You fell into my word abyss
For you felt love
(Or maybe not...)
As I felt love and bliss.

Sleepy as a sunflower for me
In the dance of souls, there...
Forsaking others' company
Beyond horizon's scar.

There, where it is so cold,
Cold, beyond cold,
Where wine begins to boil...
We would whisper "Our Father"—
And the steam formed bubbles,
Delicate and frenzied
As that deep love
For which I lived.

You read with your body again and again
Something I sensed with my heart.

April 18, 2003

*

Ти тілом читала вірші мої—
Худенька, немов весна,
Ті, що від світу в жилах таїв,
Наче ковток вина.

У божевільно-блаженну ніч
Падала в прірву слів,
Бо відчувала
(А може, й ні...)
Як я тебе любив.

Сонна, мов сонях, була мені
В танці душі, десь там...
Де я для інших віддаленів
За горизонту шрам.

Там, де так холодно
Аж-аж-аж,
Аж закипа вино...
Ми шепотітимем «Отче наш»—
І закипить воно,
Ніжне й безумне,
Як і любов,
Задля якої був.

Ти тілом читала знову і знов
Те, що я серцем чув.

18 квітня 2003

(62)

LAST MUSE

Wells of melancholy,

More autumnal than the Fall.

It is about to snow—

Slight Autumn pain.

And us, and us, and us...

Entwined as one.

Nine times we died...

And rose again

Into battle again once more...

So this is life.

Bronze bells all around.

This is our world—

Love and war abound.

And who?

Who knows?

Will anyone embrace like this?

Will anyone pour wine?

A river's paradise in Fall.

World, we're grateful,

For a nest still warm...

Your hand... mine...

I have not flown this way.

Flowers do not smell the same

In these parts.

And Fall, this blue
Will turn to Spring as youth.
Fall is full of risks
Plentiful as bonfires.

Baptism by fire,
Venomous voices...

Why—pure and trembling—
Do we not fly?..

October 28, 2008

ОСТАННЯ МУЗА

Колодязна тоска.

Осінніше за осінь.

От-от і сніг піде—

Легкий осінній біль.

А ми, а ми, а ми...

Волосся у волоссі.

Померли дев'ять раз...

Й воскресли—

Й знов у бій...

Оце і є життя.

Кругом дзвонарська бронза.

Оце і є наш світ—

Кохання і війна.

А там, у тому, десь...

А хто його?..

А хто зна?..

Чи хтось пригорне так?

Чи хтось наллє вина?

Осінній рай ріки.

Подякуємо світу,

Ще теплому гнізду...

Твоя рука... моя...

Я так ще не літав.

Так ще не пахли квіти

У цих краях.

А осінь, синь оця
Завеснює, як юність.
Фатального у ній
Багато, як багать.

Це хрещення вогнем,
Ці голоси отруйні...

Нам—чистим і тремким—
Чому б не політать?..

28 жовтня 2008

(63)

BLUE FOREST

Here a blue-toned forest Spring.
Rusalkas* cry amid the greenery.
Achieving self-fulfilment brings
Man before God in purity.

Before the people he will be
Austere and spare as Chinese bard,
From his hand he feeds the sea
Like a steppe animal ever on guard.

Not the power of the mob,
Only freedom is sweet.
A boy no more—a man.
A rock.

A rock.
With grass on it,
Tender as razor blades...

Old enough for kisses
Old enough for battle.

* In Slavonic mythology, water sprites

April 7, 2002

*

Синій весняний ліс.
Плачуть русалки в листі.
Той, хто до себе доріс,
Перед Всевишнім чистий.

Перед людьми такий
Тонкий, мов китайський лірик,
Море годує з руки
З чуттям степового звіра.

І не влада йому,
Тільки свобода мила.
То вже не хлопчик—муж.
Брила.

Брила.
На ній трава,
Ніжна, як лезо бритви...

Той, хто до ласки доріс,
Доріс і до битви.

7 квітня 2002

(64)

REVELATION

To T. H. Shevchenko

While winter slept on grass green rye.
You were taken by a high-speed train...
We've lost our way as life's gone by!
We do not want to sing in choirs again.

Like a dream once, so my consciousness
Sings to me in black nights' restlessness...

When the crown of thorns is lifted off—
A greater pain than that first crowning.

January 19, 1995

ОДКРОВЕННЯ

Т.Г.ШЕВЧЕНКОВІ

Спить зима на зеленім житі.
А Тебе забрав поїзд скорий...
Ми не вмієм інакше жити!
Ми не хочем співати в хорі.

Наче мрія колись, так совість
В чорні ночі мені співає...

Як знімають вінок терновий—
Це болючіше, ніж вдягають.

19 січня 1995

Ihor Pavlyuk

(65)

IN MEMORY OF MY MOTHER

Polissya is the land that made me,
Land strewn with coral beads by morning birds.
I am not a lord, only a sonnet
Of grass, that chooses only sorrow's words.

Blowballs and Grandpa with his lion's pride.
My mother died. Yet still fate smiled on me
I slept with arms around the dog lying at my side,
That whiny little rascal that I was.

Time passed. The sickle rusted in the sky.
Then the horse's eyes met mine and I rode free
Time passed. Sinful dreams of watery lakes
Pink wings breaking on the ice of inland sea.

Old cottages with straw-thatched roofs. Faded fog.
Rain washed graves of our ancestors, the Rus.
Someone yet unborn, someone who has died
Between them, between the comets, between us.

My snowflakes, why do you fall in fiery flames!
My precious star, why do you seem so high!
My beloved, dear one, dove of leafy palms
After this life—only eternal rest is nigh.

Polissya my land, my grandfather or brother?
I am your migration South. Do not pity me, or rage.

Soon, soon I shall return one way or another,

When my heart is badly worn like old church steps.

October 13, 1986

ПАМ'ЯТІ МОЄЇ МАМИ

Поліський край придумував мене,
Ранкових птиць розсипавши коралі.
Я не господар, а лише сонет
Трави, якій схотілося печалі.

Кульбаби й дід із кулею в плечах.
Померла мама. Доля усміхалась…
І спав старенький песик на руках
Маленького плаксивого вандала.

Минало все. Ржавів у небі серп.
А ми з конем вже поглядами стрілись…
Минало все. А грішний сон озер
Ламав об лід свої рожеві крила.

Стара солома. Вицвілий туман.
Могили предків миються дощами.
Когось іще, когось уже нема
Між ними, між кометами, Між нами.

…Мої сніжинки, нащо ж на вогонь!
Моя ж ти зоре, нащо ж так високо!..
Кохана, мила, голубе долонь,
Після такого—тільки вічний спокій.

Поліський край, ти дід мені чи брат?
Я—вирій твій. І не жалій, не сердься.

Вже скоро, скоро я вернусь назад,

Мов сходи храму, вичовганим серцем.

13 жовтня 1986

(66)

I DON'T WANT PITY FOR MYSELF

I don't want pity for me or mine.
The lazy way is pity for mankind.
Behind me—wine and flowers,
And a sweet dark valentine.

Moonlight—a warm evening.
In the sun—cold morning.
My friend shot through the shoulder
Near the Iranian border.

It seems I have betrayed this life—
Sold myself to poems about Fall.

And old Faust laughs:
"It could be worse."

April 6, 1992

*

Себе не хочу жаліти.
А людство жаліти ліньки.
Позаду—вино із квітів
І темна солодкість жінки.

На Місяці—теплий вечір.
На Сонці—холодний ранок.
І друга мойого плечі,
Прострілені під Іраном.

Я зрадив життя, здається—
Продався осіннім віршам.

А Фауст старий сміється:
«Могло бути навіть гірше...»

6 квітня 1992

(67)

HERE ONLY TIME

Here only time does not stand still.
At the poles my songs are frozen too.
Infant Jesus and Barabbas.
The cross—a branch without a silver dew.

Dream portraits hung without a single nail.
Rain dancing and a candle held with grace...
Baby sphinxes cowering in fear
On seeing destiny in Mother's face.

... A village club.
This movie's theme is execution.
The window's cross laid on an old man's chest.

A tear about to fall from Pilate's hands
Before they
Crucify God.

January 19, 1992

*

Тут тільки час свою ще робить справу.
В моїх пісень замерзли полюси.
Малий Ісус. І ще малий Варрава.
І хрест—сріблиста гілка без роси.

Портрети снів розвішені без цвяхів.
Танцює дощ зі свічкою в руці...
А сфінксенята щуляться зі страху,
Бо бачать фатум в мами на лиці.

...Це клуб сільський.
Це фільм іде про страту.
Дід хрест кладе з вікна собі на грудь.

І скапує сльоза із рук Пілата
До тих, що всоте
Бога розіпнуть.

19 сіня 1992

(68)

TROUBLED

Once again I'm feeling troubled—not quite whole.
Free by nature—birds fly through air and space.
Homeless God asks to step inside my soul,
Cosmic sadness resonates in bass.

The expanding Universe fades away in me.
With painful dreams of wet blue snow.
Heavy-hearted loathing for fat cats and committees
Saving the world from so-called friendly foe.

...Indeed that is once and for all—
Someone's scheme
To break and overstep the lines.

A horizon—
Electrified barbed wire—
For me, as an eternal prisoner, shines.

July 25, 2009

*

І знов мені тривожно—хоч напийся.

Як гени волі—птиці в небесах.

Бездомний Бог у душу попросився,

Космічний сум зігравши на басах.

Зника мені, розширюючись, Всесвіт.

Нестерпно сниться синій сік снігів.

Сумна відраза до ділків і сесій

Спасає світ від друзів-ворогів.

...Ну тобто все і всі—

Як Хтось задумав

У межах битія і питія.

А горизонт—

Колючий дріт під струмом—

Мені, як зеку вічному, сія...

25 липня 2009